Georg Haddenbach

Die romantischen Fische

FALKEN

Inhalt

Natur und Umwelt in Texten und Bildern 6

Die Flucht ins Ungewisse 9

Das herzige Seelchen mit viel Gemüt 13

Die rätselhafte Schöne 17

Der Köder heißt Zärtlichkeit 21

Die perfekte Liebhaberin 23

Sie ist der Herr im Haus 24

Ihre Favoriten 26

Der Träumer mit dem wachen Blick 29

Wie man ihn ins Netz lockt 32

Sexspielereien 35

Er braucht Harmonie 36

Frauen, die es mit ihm können 38

Karriere ohne Vorurteile 41

Der Traum vom großen Geld 44

Widerstandskraft – mobil gemacht 44

Fische-Glücksbringer 48

Der Aszendent verändert den Charakter 54

Ausgerechnet: der Fische-Aszendent 56

Natur und Umwelt in Texten und Bildern

Das Fische-Zeichen (20. Februar bis 20. März) beschließt den Tierkreis. Rauhe Winde fegen über das Land, noch einmal will der Winter zu seinem Recht kommen. Aber schon treiben Knospen erstes Grün hervor und lassen den kommenden Frühling erahnen.
Die Menschen, die in dieser Zeit geboren wurden, haben starke innere Kräfte, die sie gern ihrer Umwelt gegenüber verbergen. Sie wirken schüchtern, können aber ganz schön Paroli bieten, wenn sie angegriffen werden.
Aus dem Unbewußten ziehen Fische-Menschen die Kraft, das Leben und seine Tücken zu bewältigen. Wenn's gar zu arg kommt, ziehen sie sich in ihre Träume zurück und spinnen die schönsten Geschichten von einer heilen Welt, aus der sie sich nur zu jäh in den Alltag versetzt sehen, in dem Neid und Mißgunst herrschen.
Diese so liebenswerten, vom Gefühl gesteuerten Menschen würden rechte Weltverbesserer sein, wenn man sie nur ließe. Da es dazu nicht kommt, versuchen sie, auf ihre Art mitzumischen. Und das ergibt dann oft ein schiefes Bild in den Augen ihrer Mitmenschen.
Wer die Fische-Menschen richtig kennenlernen möchte, sollte dieses Buch lesen, das zugleich alle in diesem Zeichen Geborenen zur Selbsterkenntnis anregen will. Die farbenfrohen Bilder, die wir hier veröffentlichen, haben Beziehung zu dem Typ, den wir im Text beschreiben: Die Blumen, Nutz- und Heilpflanzen ebenso wie die Tiere und edlen Steine, die ihm Glück verheißen, werden seit altersher dem Fische-Zeichen zugeordnet.

Wir wünschen viel Spaß
beim Lesen und Schauen.

Bild Seite 4/5: Wenn die Sonne Ende Februar ins Sternzeichen der Fische tritt, blühen überall die Krokusse.
Der Herrscher dieses Zeichens ist – zusammen mit Neptun – der riesige Planet Jupiter.

Die Flucht ins Ungewisse

Darstellung und Name des Fische-Zeichens gehen auf babylonische Quellen zurück, die in der Bibliothek des assyrischen Königs Assurbanipal in Keilschrift auf Tontafeln aufgeritzt sind. Dort schon sieht man die beiden Wappentiere des letzten Zeichens im Tierkreis in entgegengesetzter Richtung davonschwimmen. In der griechischen Mythologie aber wurde erstmals erklärt, wie die Fische als Sternbild an den Himmel kamen und weshalb sie nicht anders als auseinanderstrebend gezeichnet werden sollten.

Als Griechenlands Göttervater Zeus die Titanen besiegt hatte, fand sich Gaia, die Mutter Erde, nicht damit ab, daß von nun an die olympischen Götter das Erdreich beherrschen sollten. Sie zeugte mit Tartaros, dem Herrn der Unterwelt, den Giganten Typhon, ein Ungeheuer mit hundert Drachenköpfen und Schlangenfüßen, das sie zum Kampf gegen den Olymp ausschickte.

Wie der Wirbelwind (griechisch »typhon«) fuhr der Gigant in die olympischen Gefilde und erschreckte Aphrodite und ihren Liebhaber Adonis so sehr, daß sie sich – in Fische verwandelt – ins Meer stürzten und in wilder, kopfloser Flucht in entgegengesetzter Richtung davonschwammen.

Als Zeus den Hundertköpfigen mit seinem Blitz getroffen und den Ätna auf ihn geschleudert hatte, dessen vulkanische Tätigkeit mythologisch auf die Bewegungen des darunterliegenden Giganten zurückgeführt wird, setzte des Göttervaters Tochter Athene den Fischen, die Aphrodite und Adonis vor der Urgewalt des Wirbelwinds Typhon gerettet hatten, ein Denkmal am Himmel. Zeus gab seinen Segen dazu und übernahm sogar die Patenschaft über alle Menschen, die zum Tierkreiszeichen Fische gehören.

Erschreckt von dem Ungeheuer Typhon, einem Giganten mit vielen Drachenköpfen, flohen Aphrodite und Adonis ins Meer und verwandelten sich in Fische.

Wie Aphrodite, der einst Paris bei der ersten überlieferten Miss-Wahl einen goldenen Apfel als der Schönsten überreichte, und ihr nicht minder schöner Liebhaber Adonis, mit dem sie ihren göttlichen Gemahl, den Kunstschmied Hephaistos, betrog, schrecken Fische-Menschen vor drohenden Gefahren zurück und stürzen sich lieber in das Nirwana einer versponnenen Traumwelt, in der sie an der Seite von Nymphen und Kobolden glücklich sind.
Gefühl ist bei den Fische-Menschen alles. Sie sind hilfsbereit und gutmütig. Sie träumen stets von Gut und Geld, sind aber auch nicht traurig, wenn sie das Schicksal kleinere Brötchen backen läßt. Ihre Uneigennützigkeit überzeugt sogar Gegner, die einfach keinen Angriffspunkt bei ihnen finden. Fische-Geborene geben lieber mal nach, als sich auf endlose Streitereien einzulassen.
Ihre scheinbare Hilflosigkeit in vielen Lebensbereichen setzen sie ein, um sich hilfsbereiter Menschen zu versichern, die sie fördern. Trotzdem sind sie nicht berechnend, übertriebenen Ehrgeiz oder gar Habgier kann man ihnen wahrhaftig nicht nachsagen. Sie können sich aber in die kompliziertesten Dinge einfühlen.
Ihr Planetenbeherrscher Neptun begabte sie mit einem Hang zum Übersinnlichen, aus dem sie für die Zukunft Nutzen ziehen. Ihr Pate, der Planet Jupiter (der römische Name des Göttervater Zeus) schenkt ihnen in den entscheidenden Situationen ihres Lebens auch mal das Quentchen Glück, das ausreicht, trotz ihres fehlenden Durchsetzungsvermögens die mit den Ellenbogen rudernde Konkurrenz ganz allmählich aus dem Wege zu räumen.
Oft sind Fische-Menschen von etwas schwächlicher Konstitution, ihr Nervensystem ist störanfällig, und sie neigen zu Blutarmut. Trotzdem überwinden sie Krankheiten meist schneller, denn ihre Geduld versetzt Berge. Ihr Element ist natürlich das Wasser.

Das Temperament der Fische-Geborenen ist manchmal – wie ein Bach im Winter – unter einer schützenden Eisschicht verborgen.

Das herzige Seelchen mit viel Gemüt

Da liegt es in der Wiege, quietscht stillvergnügt vor sich hin und freut sich des Lebens: Das Fische-Baby ist ein herziges Seelchen, das alles geduldig über sich ergehen läßt. Es mäkelt nicht beim Essen, strampelt fröhlich beim Windelwechsel, läßt sich früh zu Bett bringen und stört der Eltern Nachtruhe nach der ersten Eingewöhnungszeit nicht mehr.

Stehen Fische-Kinder aber erst einmal auf zwei Beinen, wollen sie die Welt entdecken wie andere Kinder auch. Sie klettern über Stock und Stein und holen sich – Buben wie Mädchen – die ersten zerschundenen Knie. Aber das macht ihnen nichts. Die Tränen kommen ihnen erst bei einem scharfen Wort. Wer dieses Seelchen schimpft, hat gleich das heulende Elend daheim. Fische-Kinder haben viel Gemüt; sie leiden selbst mit den Geschwistern, wenn diese gescholten werden.

Am besten ist, die Eltern lassen ihrem Fische-Kind viel Freiraum. Es ist verspielt und bleibt es eigentlich ein Leben lang. Wenn man es mitten im Spiel unterbricht, wird es trotzig aufbegehren. Das bleibt auch so, wenn es in die Schule kommt. Man mache die Hausaufgaben zum Spiel, dann wird es sie ohne Murren erledigen. Mit Zwang erreicht man bei ihm nichts.

Das Fische-Kind ist lustig und hat viel Phantasie, die es mit in seine Träume nimmt. Ist es gut behütet, wird es manchmal im Schlaf hell auflachen, macht man ihm Angst, wird seine Nachtruhe ein um das andere Mal von Alpträumen gestört sein. Der böse Wolf aus dem Märchen verfolgt es noch im Traum.

So gesehen ist die Erziehung eines Fische-Seelchens schwierig. Man sollte versuchen, ihm die Angst zu nehmen, ihm Mut zu machen und es nicht durch schlimme Geschichten zu verunsichern. Dann

---

Fische-Kinder sind meist lieb und brav, aber sehr zart besaitet.
Ein hartes Wort kann sie völlig aus der Bahn werfen.

wird es das bravste Kind in der ganzen Nachbarschaft sein, das freilich auch noch seine Macken hat: Wenn es etwas durchsetzen will, drückt es gekonnt auf die Tränendrüsen. Wer ihm dann gleich nachgibt, ist schlecht beraten. Auch das Fische-Kind braucht die feste Hand, dann gewöhnt es sich die Quengelei ab. Andernfalls zieht man einen Dickkopf groß, der später im Lebenskampf bestimmt anecken wird.
In jungen Jahren wirkt das Fische-Kind etwas flügellahm. Das gibt sich mit der Zeit, wenn es sich daran gewöhnt hat, daß es außer dem Spiel im Leben auch Pflichten gibt. Trotzdem sind manche Fische-Kinder, was die Schule angeht, Spätentwickler. Andere gehören zu den »Saisonarbeitern«, die erst beweisen, was sie können, wenn der berühmte blaue Brief ins Haus flattert.
Wenn es darauf ankommt, sind die Fische-Kinder hellwach. Viele von ihnen gehen recht nonchalant in Prüfungen, vor denen andere junge Leute zittern. Wenn sie von den Eltern nicht in einen unnötigen Leistungsstreß getrieben wurden, sind ihnen Examensängste fremd. Die Persönlichkeit des Fische-Menschen muß sich nur frei entfalten können, dann wird er auch als Erwachsener seinen Weg machen. Schwer erziehbar ist das Kind aus dem Neptun-Zeichen nicht, aber es möchte in den entscheidenden Augenblicken seines Lebens immer nur das tun, was es selber will. Das zeugt von Charakter.
Alles, was wir geschildert haben, trifft gleichermaßen auf Mädchen wie Buben aus dem Fische-Zeichen zu – mit dem kleinen Unterschied, daß die Mädchen nicht ganz so wild agieren wie ihre Sternenbrüder. Aber manchmal scheint das auch nur so...

Die feenhaft zarten Wasserlilien gehören zu den Blumen, die dem Sternzeichen Fische zugeordnet werden.

Die rätselhafte Schöne

Sind die Mädchen erst mal erwachsen, tun sie so, als könnten sie kein Wässerchen trüben. Sie sind reizende Geschöpfe, die sich feinfühlig jeder Strömung anpassen können. Ihre charmante und sanftmütige Art verfehlt nicht ihre Wirkung auf die Umwelt. Man wird ihnen helfen, wo man nur kann. Da werden sich vor allem die Männer hervortun und die Selbstlosen spielen, obwohl sie in ihrem Hinterkopf ganz andere Gedanken hegen.

Nach außen hin ist die Fische-Dame ganz selbstsichere Frau, aber wenn man sie erst einmal gründlicher kennengelernt hat, erkennt man, wie hilflos sie in Wirklichkeit den großen und kleinen Problemen des Alltags gegenübersteht. Das macht sie für die Männerwelt erst recht interessant.

Sie umgibt sich mit vielen Geheimnissen und läßt sich nicht gern in die Karten schauen. Ihr Seelenleben versucht sie vor jedermann zu verbergen. Vielleicht weiß sie nur zu genau, daß sie immer mit viel Gefühl bei der Sache ist und als schwache Frau handelt, wenn es darauf ankäme, standhaft zu bleiben.

Wohl deshalb überspielt sie gern die eigenen Schwächen mit aufgesetzter Forschheit, wodurch das falsche Bild einiger vorschnell urteilender Zeitgenossen entstanden sein mag, diese Dame habe einen arroganten Unterton. Solche Leute merken gar nicht, daß sich hier ein leicht verletzliches Seelchen mit einem Panzer umgibt, der jeden abschrecken soll, der ihr zu nahe treten könnte.

Gerade das aber ist es, was Männer verlockt, solch rätselhaftes Wesen zu ergründen. Und so macht die Fische-Frau erste Erfahrungen mit dem anderen Geschlecht. Sie wird sich wehren und vielleicht die Prüde spielen, aber dann doch nachgeben, wenn ihr der Mann gefällt, der mit ihr partout anbändeln möchte.

Auch wenn die Fische-Frau nach außen hin so selbstsicher wirkt, wer genau hinschaut, erkennt ihre innere Verletzlichkeit.

Fische-Frauen können schlecht allein sein. Sie brauchen jemanden, der sie unmerklich stützt und darüber hinwegsieht, daß sie manchmal still in sich hineinweinen. Sie brauchen die anschmiegsamen, weichen Charaktere, die ihnen im Falle eines Falles das Frühstück ans Bett bringen, die bei ihrem Fische-Mädchen zerfließen, obwohl sie im Beruf die Härte in Person sind.
So hilflos, wie sie manchem erscheint, ist die Fische-Frau aber gar nicht. Hat sie sich erst einmal den Wind um die Nase wehen lassen, weiß sie ganz genau, was sie will. Ihr ist oft der stärkste Mann nicht gewachsen, weil sie aus der eigenen Schwäche eine Tugend zu machen versteht.
Sie kennt genau die Mittel, wie man einen Mann weich machen kann. Und sie setzt sie mit Raffinesse und schauspielerischen Glanzleistungen ein, wenn sie ein Mann interessiert. Ihr unschuldsvoller Engelsblick wird ebenso überzeugen wie die Krokodilstränen, die sie justament im passenden Augenblick vergießen kann. Und trotzdem ist sie nicht berechnend. Die Fische-Frau ist das reizende, nette Wesen, das wir eingangs schilderten. Aber man wird doch auch nach Mitteln und Wegen suchen dürfen, einen Mann, der einem gefällt, für sich zu vereinnahmen. Sie tut es mit Charme, wenn sie die Hilflose spielt, sie tut's mit viel Gefühl, wenn ihr Herz spricht.

Der irisierende Mondstein spricht die im Sternzeichen Fische geborenen Menschen besonders an, denn er ist ein Symbol für ein Ahnungsvermögen, das bei diesen Sternenkindern meist stark ausgeprägt ist.

Der Köder heißt Zärtlichkeit

Natürlich träumt die Fische-Frau von dem Märchenprinzen, der sie auf sein Schloß entführt. Aber sie gibt sich auch mit einem einfacheren Mann zufrieden, der ihre romantischen Gefühle mit viel Zärtlichkeit pflegt und darüber hinwegsieht, wenn sie in ihren Träumen mit Fürsten und Baronen märchenhaften Umgang pflegt. Solche Nebenbuhler sollte er sich ruhig gefallen lassen.
Was vorher war, sollte man nur ja nicht gleich beim ersten zärtlichen Tête-à-tête zu ergründen suchen. Ist die Fische-Frau auch sonst ein rechtes Plappermäulchen, schweigt sie sich über ihr ganz geheimes Vorleben gern aus. Nur manchmal schaut sie in die Weite und ohne Zorn zurück, wenn sie die Erinnerung packt.
Die Fische-Frau ist aus weichem Holz geschnitzt. Sie spricht nicht gern über ihre Probleme, weil sie argwöhnt, man könne daraus vielleicht auf versteckte Minderwertigkeitskomplexe schließen, die sie vor allem dann hat, wenn sie mit sich selbst nicht so recht zufrieden ist. Wer es auf sie abgesehen hat, darf nie versuchen, ihre Psyche zu ergründen; das sollte man dem Psychiater überlassen, der für solche Fälle die bessere Ausbildung hat.
Wer dieses reizende Mädchen gefunden hat, mag sich glücklich schätzen. Es ist wie das Blümchen, das plötzlich aus der Erde schießt und seine Blüte zu voller Schönheit entfaltet. Man sollte nur darauf achten, daß es niemand versehentlich knickt.
Auf den ersten Blick wirkt jede Fische-Frau schüchtern und unerfahren, selbst wenn sie schon einige Erlebnisse hinter sich hat. Sie spielt das Mauerblümchen perfekt, weil sie ganz genau weiß, daß romantisch veranlagte Herren darauf nur so fliegen. Fische-Frauen sind sehr wählerisch: Beim ersten Mal läuft da nichts. Wer solch mädchenhafte Schönheit erobern will, sollte zunächst höflich

Wie der Birnbaum ist die Fische-Frau aus weichem Holz geschnitzt. Harte Behandlung verträgt sie deshalb nicht.

zurückhaltend sein. Die naßforsche Art liegt ihr nicht. Wer den Kavalier der alten Schule mimt, darf mit ihr im Park beim Mondenschein spazieren gehen, selbst wenn er ihr zuvor beim Tanzen auf die Füße trat. Er kann nach solch sittsamem Gebaren gleich den nächsten Treff mit ihr ausmachen – im Café oder bei einer spiritistischen Sitzung (sie schwärmt nämlich fürs Okkulte).
Wie es danach weitergeht, muß der Freier schon der Dame seines Herzens überlassen, aber sie wird ihn früher oder später erhören, wenn er jenen sicheren Köder ausgelegt hat, bei dem jede Fische-Frau am ehesten anbeißt: die Zärtlichkeit. Aber so ganz leicht wird sie es ihm kaum machen – bei ihr muß gut Ding schon Weile haben.

Dunkle Wolken ziehen auf, wenn es dem Kavalier an Zartgefühl mangelt.

Die perfekte Liebhaberin

Mag sich die Fische-Frau auch auf den ersten Blick verlieben – sie vergibt sich so leicht nichts. Sie wird vorsichtig den Zeitpunkt hinausschieben, da man zur Sache kommt. Dann ist sie die perfekte Liebhaberin, ein Naturtalent, das mit Temperament und Phantasie fehlende Praxis wettmacht. Für Sex hat sie viel übrig, nur sollte es auch in der Liebe stimmen.

Und da hapert es oft. Denn diese so sensible Frau, die möglicherweise das Schicksal anderer aus den Karten oder dem Horoskop sicher zu deuten weiß, kann sich selbst am wenigsten helfen. Das heißt, daß gerade Fische-Frauen oft auf Männer hereinfallen, die nur ihren Spaß haben wollen und sich nach gehabtem Vergnügen ohne Gruß und Kuß verabschieden und eisige Enttäuschung zurücklassen. Wenn diese schnöden Herren nur ahnen würden, was ihnen mit der Fische-Frau entgeht…

Was im Anfang nämlich temperamentvoll und phantasiebegabt vorgetragen wurde, entwickelt sich mit der Zeit bei dieser so gefühlvollen Frau zu hoher Liebeskunst. Für sie ist Sex das Schauspiel, in dem sie die Hauptrolle spielt. Da ist alles in rosarotes Licht getaucht, und schemenhaft erkennt man die Nymphe, wie sie von den alten Griechen verehrt wurde, nur daß es damals noch keine Spitzenhöschen gab.

Solch romantisches Bühnenbild wird jeden Mann animieren. Alle werden auf ihre Kosten kommen, auch wenn die Fische-Frau schon rein vom Gefühl her für den sanften Typ eher schwärmen wird als für den rasanten Meister »Schnellvorbei«.

Sex ist für sie die natürlichste Sache der Welt, die nur den Partner und sie selbst etwas angeht. Insgeheim darf man sich über ihre Leidenschaft beim Liebesspiel wundern und mit gleicher Hingabe antworten. Wer aber Bettszenen mit der Fische-Frau öffentlich preisgibt, hat sie verloren. Woraus man erkennen mag, daß eigentlich doch nur Kavaliere bei dieser Dame landen können.

Sie ist der Herr im Haus

Zeit ihres Lebens bleibt die Fische-Frau das herzige, etwas flügellahme Seelchen aus ihrer Kinderzeit. Sie mag es gern, wenn sie ihr Partner verwöhnt und mit ihr wie mit einem Kinde spielt. Für viele ist sie die unselbständige Frau, der man nicht nur beim Abwasch helfen muß. In Wirklichkeit gibt sie sich nur aus rein taktischen Gründen so, um dann um so schneller das Zepter in die Hand zu nehmen und der »Herr im Haus« zu sein. Selbst den männlichsten Männern könnte sie die berühmten Pantoffeln anziehen und sie nach ihrer Pfeife tanzen lassen. Wer nicht pariert, den kann sie mit ihren Tränen überzeugen, daß es besser ist, ihr zu Willen zu sein. Obwohl im Zeichen der Emanzipation viele Frauen in ihre erlernten Berufe zurückdrängen, ist es – statistisch gesehen – bei den Fische-Frauen sehr oft umgekehrt. Selbst die akademisch geschulten unter ihnen geben der Liebe und Häuslichkeit zuliebe ihre Tätigkeit auf, um ganz Ehefrau und behutsame Mutter sein zu können. Obwohl sie nicht unbedingt die perfektesten Hausfrauen sind und manchmal aus lauter Liebe das Essen versalzen, versuchen sie alles, dem Partner ein gemütliches Heim zu bereiten, nach dem er sich nach des Tages Hasten und Jagen zufrieden zurückziehen kann.
Er wird sich im siebten Himmel bei seiner Fische-Frau fühlen, wenn er nur ein wenig für Romantik und gepflegte Häuslichkeit übrig hat. Er sollte ihre herzliche Art und ihren guten Geschmack, mit dem sie die Wohnung ausstaffiert, bewundern, und mit ihr auf blühendem Balkon in die Weite schauen, und ohne viele Worte an ihrer Seite glücklich sein.

Wie den Pinguin zieht es Fische-Geborene in dunkle Tiefen – die Weite des Himmels ist nicht ihr Element.

Ihre Favoriten

Zufrieden ist die sensible und phantasiebegabte Fische-Frau, wenn sie einen Mann an ihrer Seite hat, mit dem sie durch dick und dünn gehen kann. Ihre Favoriten stammen aus dem Krebs- und dem eigenen Zeichen, weil sie am ehesten sich auf die jeweilige Stimmungslage dieser reizenden Frau (hier haben wir die Doppelbedeutung des Wortes »reizend« bewußt ins Kalkül gezogen!) verständnisvoll reagieren. Beide sind eine Art Seelentröster, die mit viel Gefühl auf

Der Hyazinth soll Fische-Geborenen die Fröhlichkeit schenken, die diesen sensiblen Menschen manchmal fehlt.

die Launen ihrer Partnerin eingehen, weil sie selbst hochherrschaftliche Launen zeigen. Die Empfindsamen werden sich aber immer wieder zusammenraufen.
Den Pascha spielt der Skorpion-Mann bei ihr und überzeugt sie mit viel Sex von seinen männlichen Qualitäten. Dabei merkt er gar nicht, daß sein Fischlein ihn zwar verwöhnt, aber mit der Zeit auch ganz schön herumkriegt und ihm beweist, wer eigentlich im Haus das Sagen hat. Aber dieser liebenswerten Frau nimmt das keiner übel.

Fische-Frauen haben einen Blick für alles Schöne – auch wenn es nur kleine Dinge am Wegesrand sind.

Beim Steinbock-Mann findet die Fische-Frau jene finanziell untermauerte Geborgenheit, nach der sie sich sehnt. Wenn auch die unterkühlten Gefühle und die häufige dienstliche Abwesenheit des Partners dieses Bild etwas trüben, wird sie sich um des eigenen Wohlstands willen doch wohl hüten, sich Hausfreunde ins Haus zu locken.

Recht draufgängerisch erobert der Stier-Mann seine Fische-Frau. Er wird sie in der Ehe mit seiner Liebe und seiner Einfühlsamkeit in ihre Probleme erstaunen. Und was den Sex betrifft, wird sie ihn sicher über den grünen Klee loben. Nur im Ehealltag könnte sich mit der Zeit Langeweile breitmachen und den Haussegen schief hängen lassen.

In heißer Liebe wird sie an einem Schütze-Mann hängen, der aber sein Draufgängertum nicht nur bei ihr beweisen möchte. Da heißt es für sie, rechtzeitig an die Umerziehung gehen, ihn mit ihrer Phantasie begeistern und mit ihm fröhlich durchs Leben zu wandern. Lange Fische-Schütze-Ehen bestätigen, daß die Frau aus dem Zeichen des Neptun am ehesten einen Schützen kirre machen kann.

Der Jungfrau-Mann erscheint ihr ein wenig zu pedantisch. Auch ihn wird sie umerziehen müssen. Es wird ihr gelingen, weil gerade dieser sonst als so kühl geschilderte Typ sehr viel Verständnis für ihre Schwächen zeigt und ihr, obwohl doch oft astrologisch als geizig verschrien, jeden Wunsch von den Augen ablesen wird.

Mit viel Gefühl reagiert der Waage-Mann auf seine Fische-Frau.

Den Zwillinge-Mann macht sie neugierig und schleppt ihn aufs Standesamt, um in der Ehe seine beiden Seelen auf einen Nenner zu bringen.

Zwar sind Löwe- und Widder-Männer dem Fischlein zu laut, aber sie wird sie mit der Zeit durch ihr seelenvolles Wesen ebenso unter den Pantoffel zwingen wie den nach Freiheit dürstenden Wassermann. Nur: Ob Verbindungen mit den zuletzt genannten Tierkreis-Typen ein Leben lang halten, muß dann eben doch die Zukunft erweisen.

Der Träumer mit dem wachen Blick

Beim Fische-Mann begreift man, warum die beiden Wappentiere seines Tierkreiszeichens in entgegengesetzter Richtung auseinanderstreben: Es ist das Gegensätzliche in seinem Verhalten, das ihn so interessant, gleichzeitig aber auch so unberechenbar macht. Auf der einen Seite ist er springlebendig und allem Neuen gegenüber aufgeschlossen, auf der anderen verschlossen und in sich gekehrt. Er ist der Träumer mit dem wachen Blick.

Eine romantische Kulisse bringt jeden Fische-Mann in Stimmung und verleitet ihn zu Liebesschwüren.

Das klingt kurios, umschreibt aber in etwa seine Einstellung zum Leben. Ein Fische-Mann schweigt sich zum Beispiel gern aus. Er gibt nur ungern zu, wie es um sein Inneres wirklich bestellt ist. Dieser introvertierte Typ träumt von einer besseren Welt, in der er all das verwirklichen kann, was sein soziales Anliegen ist: Alle Menschen werden Brüder...

Wie die Seerose abends ihre Blütenkelche schließt, wird ein Fische-Mann immer wieder sein Inneres verschließen.

Zum anderen ist derselbe Mann bestrebt, im Leben voranzukommen. Er beobachtet die Szene mit wachem Blick und zieht daraus wichtige Schlüsse, wie er es am besten anlegt, um die Konkurrenz hinter sich zu lassen, ohne dabei die Ellenbogen zu benutzen. Er will keinem wehtun, kann aber urplötzlich auch kräftig austeilen, wenn ihm etwas gegen den Strich geht.

Der Fische-Mann schwimmt immer ein wenig gegen den Strom an und hat Erfolg damit. Den Balken im Auge des Gegners übersieht er gern, aber ihn kümmert der Splitter im eigenen Auge. Das macht ihm viel Freunde und noch mehr Freundinnen, die seine behutsame Art, mit den Mitmenschen umzugehen, schätzen.

Ganz privat kommt er oft in Versuchung, den Adonis zu spielen und den Nymphen hinterherzujagen. Der Fische-Mann ist kein Kostverächter. Er nippt am Nektar der kleinen Pflänzchen und bewundert die schönen Blumen, die sich ihm entgegenrecken. Er spielt den schüchternen Liebhaber und hat's doch faustdick hinter den Ohren.

Schon mancher Fisch, den eine Schöne an der Angel glaubte, verschmähte den Köder und ging einer anderen ins Netz, die ihrerseits ganz sicher war, daß er ihr nicht mehr davonschwimmen könne. Das Fischlein kann's! Es findet das Loch, aus dem es in die Freiheit entweichen wird.

Übersetzt: Ein Fische-Mann schindet Eindruck mit seiner vornehmen Zurückhaltung, die man nicht mit Schüchternheit verwechseln sollte, mit seinem fröhlichen Wesen und seinem Sinn für Romantik, die manche Frau auf kommende Liebesfreuden einzustimmen scheint. Aber wenn sich die Schöne schon am Ziel ihrer Wünsche wähnt, wartet er erstmal ab, wie sich das Verhältnis entwickeln könnte. Kein Fisch geht sogleich an die Angel, es sei denn, der Köder würde ihm besonders gut schmecken.

Von Liebe spricht kein Fische-Mann, selbst wenn ihn Amors Pfeil zielsicher traf. Wer ihn festnageln will, den läßt er erst recht zappeln. Schließlich will er ja seinen Bewegungsspielraum behalten.

Wie man ihn ins Netz lockt

Ein Fische-Mann ist immer umschwärmt, weil er anders ist als andere Männer. In seinen Träumen zieht er immer mit der augenblicklichen Gespielin an einem Strick. Es ist geradeso, als ob er sich in einem Rauschzustand befände, wenn er sie in seiner Nähe weiß. Aber dann erwacht er möglicherweise aus seinen Träumen und sieht gerade eine andere Schöne um die Ecke trippeln, die seinem Idealtyp noch näherkommt. Und schon ist's um ihn geschehen.
Weit gefehlt, wenn man nun annehmen würde, der Fische-Mann könne nicht treu sein! Seine Ideale wechseln nur, wie seine Stimmung vom einen Augenblick zum anderen wechseln kann. Man muß mit ihm Geduld haben, aber im rechten Moment ihn an die Hand nehmen und energisch in eine andere Richtung führen, wenn eine Schöne um die Ecke kommt, die sein Typ sein könnte.
Fische-Männer heiraten auffallend gern energische Frauen, die Erfahrung genug besitzen, das Fischlein aus dem Strudel seiner Empfindungen zu ziehen, der es zu verschlingen droht. Oft sind es auch ältere Frauen, bei denen ein Fische-Mann den Halt sucht, den er als Kind bei seiner Mutter fand.
Berechnend ist er nicht, wenn er auf Brautschau geht, aber er hat auch nichts gegen eine kleine Mitgift einzuwenden, mit der man gemeinsame Träume finanzieren kann. Er sehnt sich nach einem eigenen Heim, das ihn an sein Elternhaus erinnert, an dem er bis an sein Lebensende hängt. Er hat jedoch nichts dagegen, wenn seine Frau nach der Hochzeit in ihrem erlernten Beruf weiterarbeitet und so für den Anfang auch etwas zur Haushaltskasse beisteuern kann. Das hält ihn nicht davon ab, von dem Supergewinn zu träumen, der den beiden eine Zukunft sichert, in der sie sorgenlos und glücklich in den Alltag hinein leben können.

Einen Fische-Mann ins Netz zu locken, gelingt am besten den Frauen, die viel Geduld und Phantasie mitbringen.

Mit liebevoller Zuneigung, viel Gefühl und noch mehr Verständnis für seine Marotten lockt man dies Fischlein ins Netz. Und dann folge man ihm in das Wunderland seiner Träume. Auf dem Weg dorthin findet man den Schlüssel zu seinem Herzen.

Fische-Männer träumen von einem gemütlichen Zuhause, wohin sie sich zurückziehen und wo sie neue Kraft tanken können.

Sexspielereien

Der Fische-Mann ist aus gutem Holz geschnitzt. Ob er aufrecht nach oben strebt oder sich hängen läßt – stets ist er überall beliebt. Wen er einmal in sein Herz geschlossen hat, der kann vieles tun, was andere nicht dürfen. Möglich, daß er sich mit der Frau, die er liebt, oftmals um Kleinigkeiten streitet, aber er wird ihr am Ende nie böse sein und eher auch mal den Grund für ein vorübergehendes Zerwürfnis bei sich selbst suchen.
Liebe ist für ihn mehr als Körperkontakt. Sex begreift er eher als ein Spiel, das nun einmal zum Leben gehört. Für ihn ist Gefühl alles. Und so spinnt er mit seiner Geliebten erotische Träume und versucht, sie in tausendundeiner Nacht zu verwirklichen. Seine absolute Zärtlichkeit, das sanfte Einpendeln in ein frivoles Vergnügen und seine Streichelkünste, machen jede Partnerin an, ihm zu Willen zu sein.
Ein Sexprotz ist er wahrhaftig nicht, aber er kann Sexspielereien mit viel Phantasie auch für die Partnerin zum Erlebnis machen. Trotzdem wird er nie mehr von ihr erwarten, als er selbst zu geben bereit ist. Seine Streichelkünste sind bekannt. Er ist voll bei der Sache und versteht, die Geliebte in Hochstimmung zu versetzen. Nur müßte sie auch etwas dazu beitragen und nicht abwarten, bis er endlich die Initiative zur großen Schlußoffensive ergreift. Er ist nicht der Mann, der im Bett das absolute Sagen haben will. Und er fragt auch nicht, wenn ihn die Geliebte mit einer neuen Spielart heiß macht, wer da wohl ihr Lehrer war.
Dieser gefühlvolle Sterntyp nimmt Anregungen der Partnerin gern entgegen und setzt sie genüßlich um. Und obwohl er sonst recht sensibel auf sogenannte Unanständigkeiten reagieren kann, läßt er sie als Sexspielerei gelten, wenn sie sein eigenes Lustgefühl und das seiner Partnerin zu erhöhen vermag. Bürgerliche Moral macht bei ihm vor der Bettkante halt.

Er braucht Harmonie

Mag der Fische-Mann in jungen Jahren auch nach außen streben und manch unverfängliches Abenteuer haben, wenn er erst einmal ernst gemacht hat, ist er rührend besorgt und versucht, jeden Kummer mit der Partnerin zu teilen. Er braucht die Harmonie im Familienleben, um sich im Beruf durchsetzen zu können, vor allem aber eine Frau an seiner Seite, die ihm Mut macht, das Leben zu meistern.

Nur wenige Fische-Männer bleiben Junggesellen. Das sind dann jene, die eine schiefgestellte Venus oder einen Aszendenten haben,

Kein Fische-Mann zieht gern allein seine Bahn. Sein Traum...

der ihren ausgeprägten Eigensinn in die falsche Richtung lenkt. Im allgemeinen aber wird solch gefühlvoller Typ jede Frau glücklich machen, solange sie selbst das Ihre beiträgt.
Der Fische-Mann braucht nämlich einen Platz zum Verschnaufen, möglichst ein Häuschen mit Garten, in dem er träumen kann. Man schrecke ihn nicht auf. Neptun begabte seinen Schützling mit viel Gefühl, aber auch mit einem unsichtbaren Schutzschild, an dem alles abprallt, was ihm zuwider ist – auch der zünftige Ehekrach, den ihm seine Frau aus heiterem Himmel aufs Parkett legt. Nur Tränen können ihn aus der Fassung bringen. Sie sind die besten Waffen einer Frau, die sich des Fische-Mannes auf jeden Fall versichern will.

... – ein Häuschen im Grünen für sich und seine Lieben.

Frauen, die es mit ihm können

Ein bißchen verwöhnt muß der Fische-Mann schon werden, wenn er sich entschlossen hat zu heiraten. Und da wäre er eigentlich bei einer Krebs-Frau am allerbesten aufgehoben. Sie ersetzt ihm am ehesten die Mutter und wird auf ihn geduldig warten, wenn er unterwegs ist, und nie Schlechtes von ihm denken. In solcher Verbindung heißt es immer: zwei Seelen – ein Gedanke. Die Launen des einen werden von denen des anderen abgelöst. Trotzdem ist ein allzeit fröhlicher Ehestand gesichert.

Die Pantoffel, die ihm die Skorpion-Frau des Abends nach getaner Arbeit bereitstellt, zieht er sich gern an, weil sie so schön schmusen kann. Hat er seinen Schmolltag, zündet sie einen heißen Ehekrach, daß die Wände wackeln, und bringt den Empfindsamen zur Raison.

Ein inniges Verhältnis hat er auch mit seiner Sternenschwester aus den Fischen. Leider spornen sich die beiden kaum an, weshalb man ein bißchen um die Erhaltung des Wohlstands besorgt sein kann. Einer müßte da schon die Initiative ergreifen. Fragt sich nur wer…

Ganz anders ist es mit der Steinbock-Frau, die beizeiten zusieht, daß ihr Fischlein sich freischwimmt und Karriere macht. Sie wird es nach Kräften unterstützen und noch so manches hinzuverdienen, damit man gemeinsam zu etwas kommt.

Mit viel Gefühl geht's in einer Verbindung mit der Stier-Frau zu. Der Fische-Mann wird sie als die Stärkere akzeptieren und ihr sogar im Haushalt helfen, damit mehr Zeit für die Schmusestunden bleibt. Reagiert der Sensible mal überempfindlich, wird sie ihm ihren Standpunkt klarmachen oder selber schmollen. Wie gut, daß man sich trotzdem heiß liebt.

Die Schütze-Frau und der Fische-Mann haben beide den Jupiter als Schutzpatron. Der ging gern seine eigenen Wege, weshalb nicht verwundert, daß in diesem Verhältnis über manches hinweg-

Mit der gefühlsbetonten Krebs-Frau fühlt sich ein Fische-Mann besonders wohl.

gesehen wird, was sonst mindestens mit Kopfschütteln registriert würde. Aber das ist es, was die Schützin und ihren Fische-Typ zusammenhält und Raum gibt für echte Liebe.
Wegen ihrer gleichgelagerten Ideale hat die Wassermann-Frau keine Schwierigkeit mit einem Fische-Mann. Es sind seine Launen, die sie auf die Palme bringen, und ihre Eifersucht, die bei ihm kein

Manchmal wirkt ein Fische-Mann kalt wie Eis und bringt damit seine Partnerin zur Verzweiflung.

Verständnis findet. Beide haben aber das Herz auf dem rechten Fleck, und das gibt wohl den Ausschlag.
Manches ergänzt sich in einem Verhältnis zwischen Jungfrau und Fischen. Auf der einen Seite der Sinn für Realität und gute Wirtschaftsführung, auf der anderen die Traumwelt, die meist Theorie bleibt. Aber beide sind hilfsbereit und haben den Willen, einmal Angefangenes zu einem guten Ende zu bringen.
Noch eine Spur empfindlicher als der Fische-Mann reagiert die Waage-Frau. Tiefe Gefühle jedoch beherrschen die Szene. Auch wenn da manches an der Oberfläche bleiben sollte und sich das Fischlein manchmal in eine Höhle verkriechen möchte, könnte man sich aneinander gewöhnen.
Lustig geht's zu im Zusammenleben mit einer Zwillinge-Frau, die dem Fische-Mann leider ein wenig zu sehr nach außen strebt. Und vor den Damen aus dem Widder- oder Löwe-Zeichen mag's dem Fischlein angst und bange werden, zumal sie gleich das Regiment ergreifen wollen. Vielleicht geht's trotzdem gut...

Karriere ohne Vorurteile

Die Durchsetzungskraft der in einem weiblichen Zeichen geborenen Fische-Menschen ist nicht immer optimal. In jungen Jahren wissen sie oft nicht, welchen Beruf sie ergreifen sollen. Da gibt es gleich mehrere zur Auswahl. In ihren Träumen malen sie sich aus, wie sie ohne große Mühe ans Ziel ihrer Wünsche gelangen können. Aber irgendwann merken sie doch, daß die Sache einen Haken hat, setzen sich auf den Hosenboden und basteln an ihrer Karriere.
Es macht ihnen nichts, wenn für sie der Traumberuf unerreichbar ist. Ohne Vorurteile gehen sie an einen anderen heran, zu dem sie sich entschließen, und machen das beste daraus. Nur fehlt ihnen das »Talent«, kräftig die Ellenbogen einzusetzen, um mißliebige Konkurrenten aus dem Wege zu räumen. Aber das brauchen sie auch

nicht. Denn sie haben die Gabe, sich in die kompliziertesten Sachverhalte problemlos einzufühlen und von daher zu glänzen.
Wenn er nicht durch irgendeine widrige Planetenkonstellation depressiv veranlagt ist, wird der Fische-Mensch nie die Hoffnung auf die Besserung seiner Verhältnisse aufgeben. Aber er weiß, daß ihm dies nur mit energischem Zupacken gelingen wird. So überwindet er leicht die Anfangsschwierigkeiten und überflügelt – ehe man sich's versieht – die Konkurrenz. Er geht mit so viel Gefühl an die Sache heran, daß er niemandem wehtut, den er überholt. Solch guten Kollegen muß man im Tierkreis erst noch finden! Es ist die einfühlsame Art des Fische-Menschen, die ihn überall Freunde und zudem Gönner finden läßt, welche ihn besonders deshalb fördern, weil er einen guten Einfluß auf die Belegschaft ausüben kann.
Fische-Frau wie Fische-Mann nehmen den Weg der kleinen Schritte und kommen damit besser voran als jene, die gleich das Höchste erreichen wollen. Sie sind Mitarbeiter, die nie das in sie gesetzte Vertrauen enttäuschen. Um ihre Pflicht zu erfüllen, übernehmen sie selbst die schwierigsten Aufgaben, vor denen andere, die sich ihnen überlegen glauben, zurückschrecken. Vielen gelten sie als verschlossene Charaktere, weil sie Geschäftsgeheimnisse für sich behalten können.
Der Fische-Mensch kann jeden Beruf ergreifen, in dem seine hilfsbereite Art zum Tragen kommt. Und so findet man in Krankenhäusern und Fürsorgeheimen viele tüchtige Leute aus diesem Zeichen, das nicht ohne Grund zu den weiblichen gezählt wird. Als Mediziner, Seelsorger und Heimleiter, aber auch als Krankenpfleger und Altenheimbetreuer sind sie in der vordersten Front derer, die ihre Menschlichkeit beweisen wollen.
Obwohl die meisten Fische-Menschen bodenständige Berufe bevorzugen, leisten doch sehr viele aus diesem Zeichen auch in der Wissenschaft und in allen künstlerischen Bereichen Überragendes, weil sie in allem, was sie tun, mit bewundernswerter Gründlichkeit vorgehen.

Ihr ausgeprägter sechster Sinn befähigt sie, manches vorauszusehen, was andere erst sehr viel später entdecken. Ihre Phantasie läßt sie auch in der schreibenden Zunft Großes schaffen. Sogar in den technischen Bereichen können sie dank ihrer Einfühlungsgabe Überdurchschnittliches leisten.
Obwohl die Fische-Frau die gleichen Anlagen hat wie die Männer aus diesem Zeichen, sind doch harte Männerjobs nichts für dieses sensible Persönchen. Einen besonderen Wesenszug von ihr zeichneten wir schon auf: Sie wird, wenn sie liebt, nach der Hochzeit wahrscheinlich ihren erlernten Beruf aufgeben, um nur noch für Mann und Familie dazusein.

Strohblumen sind für Fische das Symbol für unvergänglichen Ruhm.

Der Traum vom großen Geld

Jeder Fische-Mensch möchte nach Leistung bezahlt werden; und er ist sein Geld wert, weil sein Einsatz die Ausgaben mehr als wettmacht. Leider ist er oft zu anspruchslos, um sich mit seinen finanziellen Vorstellungen durchzusetzen. Auf Titel sieht er nicht, und mit den Mitteln ist das auch so eine Sache. Seine Beziehung zum Geld ist nicht sehr ausgeprägt.
Er kennt jedoch alle Tricks, wie man Steuern sparen kann (die besten Steuerberater sollen aus dem Fische-Zeichen kommen), aber ansonsten ist er im allgemeinen damit zufrieden, was er hat. Zwar träumt er stets von seltenen Glücksfällen, die ihm das Leben finanziell erleichtern, doch er kann sich auch bescheiden.
Sein Patenonkel Jupiter verführt ihn manchmal zum Leichtsinn. Trotzdem sind die Spielernaturen in diesem Zeichen sehr selten. Denn ein echter Fische-Mensch wagt finanziell nur wenig.
Seltene Zufälle bescheren ihm aber immenses Glück, das finanziell jedoch oft nicht faßbar ist. Ein bißchen Aberglaube gehört beim Fische-Typ dazu, um ihm sein Leben zu erleichtern. Mancher aus diesem Tierkreiszeichen trägt darum eine kleine bemalte Zinnfigur aus Kindertagen in seiner Geldbörse, weil er weiß, daß Zinn sein Glücksmetall ist.

Widerstandskraft – mobil gemacht

Mehr als andere aus dem Tierkreis muß der Fische-Mensch darauf achten, daß er immer rechtzeitig seine Widerstandskräfte mobilisiert. Er ist oft von schwächlicher Konstitution und neigt zu Neurosen, wenn sein Harmoniegefühl gestört ist. Vielfach wurde in diesem Zeichen auch Blutarmut beobachtet.
Gerade er darf sich nicht überanstrengen. Der Fische-Mensch sollte sich nie unter Streß setzen lassen, weil dem sein Nervenkostüm

nicht standhalten würde. Er muß rechtzeitig abschalten können und vor allem immer wieder einen Kurzurlaub einschalten, um seinen Körper- und Seelenakku wieder aufzuladen. Gerade er braucht viel frische Luft, damit das Blut in seinen Adern gut zirkulieren kann.

Mancher Fische-Mensch muß auf die schlanke Linie achten. Gesunde Kost ist daher besonders in diesem Zeichen gefragt. Das fördert seine Widerstandskraft und stärkt auch seine hin und wieder angeknackte Psyche. Mit autogenem Training könnte er viel dazu beitragen, sein Selbstvertrauen zu stärken. Das wird ihm dazu verhelfen, gesund an Seele und Leib bis ins hohe Alter zu bleiben.

Huflattich ist eine wichtige Heilpflanze für Fische-Geborene.

Fische-Glücksbringer

Daß Zinn seit der Antike als Glücksmetall des Fische-Typs gilt, haben wir bereits gesagt. Seine Glückssteine wird er jedoch eher in Platin oder Weißgold fassen. Der weiße Saphir – weiß und grau sind die Farben des Fische-Zeichens – steht da an erster Stelle. Er ist eine äußerst seltene Abart aus der Korundgruppe, die nur einen Härtegrad weicher als der Diamant ist. Wie sein blauer Bruder ist er der Stein der Wahrheit, was auf die absolute Wahrheitsliebe der Fische-Menschen hinweist.

Auch der Chrysolith wird wegen seiner blaßgrünen Farbe mit dem Diamant oder einem hellen Smaragd verwechselt. Als Fische-Talisman soll er eines Tages Reichtum bewirken, was ebenso vom Hyazinth, einem durchsichtigen, gelbroten Halbedelstein, gesagt werden kann. Ein Hyazinthring kann seinem Träger zusätzlich Fröhlichkeit und Liebenswürdigkeit vermitteln – Fische-Eigenschaften, die wir bereits in vorhergehenden Kapiteln geschildert haben.

Der stark durchscheinende, fast farblose Mondstein, der wertvollste Stein der Feldspatgruppe, ist ein beliebter Fische-Schmuck, der seinem Träger manchen Traum in Erfüllung gehen lassen soll. Und die Koralle, die baum- und strauchartig im Meer wächst, sorgt nach alter Überlieferung dafür, daß der Fische-Mensch weise und gerecht entscheidet, selbst wenn es einmal zu seinem Nachteil wäre.

Zum Fische-Zeichen werden auch einige Blumen gerechnet wie die Seerose, die mit ihren herrlichen Blüten weit über das Wasser, ihren Lebensraum, hinausragt – genauso wie die Wasserlilie, eine weiße Seerosenart, und die Lilie, die zum Wappenzeichen französischer Könige wurde.

Bild Seite 46/47: Das Element der Fische ist – wie könnte es anders sein – das Wasser, besonders dann, wenn es so friedlich und gebändigt aus einem schönen Brunnen plätschert.

Der weiße Saphir, der Stein der Wahrheit, ist ein besonders wirksamer Glücksbringer für alle Fische-Menschen.

Die strohig harten Blüten der Strohblume nennt der Franzose Immortellen, die Unsterblichen. Vielleicht umschreiben sie die Sehnsucht eines Fische-Menschen, daß sich ihr Glück bis in alle Ewigkeit erhalten möge. Schließlich gehören dazu die Geranien, liebste Balkonblume der Deutschen, der als Unkraut verschriene Klee mit seinen rosa Blütenköpfen, wichtige Futterpflanze, die

Der blaßgrüne Chrysolith, als Talisman getragen, schenkt Fische-Geborenen glückliche Geschäfte und Reichtum.

wohlriechende Reseda mit ihren grünlichen, herb duftenden Blüten und der gelbblühende Huflattich, als Hustenmittel bekannt, in dieses Zeichen.
Zu den Nutzpflanzen zählt der oft zu Bast verarbeitete Hanf, dessen indische Abart zum Haschisch verarbeitet wird, ebenso wie Spinat, Gurkenkraut und Anis. Bei den Bäumen sind fischetypisch die bis

Ihr labiler Seelenzustand macht viele Fische-Menschen anfällig für Drogen wie etwa Haschisch.

zu 40 Meter hoch werdende, äußerst anspruchslose Kiefer, der reich blühende und köstliche Früchte tragende Birnbaum, dessen weiches Holz bei Schnitzern sehr beliebt ist, und der Zimtbaum, aus dessen getrockneter, aromatischer Rinde das bekannte Gewürz besteht.

Die Tiere, die in diesem Zeichen angesiedelt werden, sind neben Fledermaus und Fliegendem Hund das Krokodil, das falsche Tränen weinen soll, und der flügellahme Pinguin. Und natürlich gehören Fische dazu wie Hecht, Karpfen, Zitterrochen und Seepferdchen, aber auch Süßwasserfische wie Buntbarsch, Goldfisch und Neonsalmi.

Die schon bei Griechen und Römern heilige Zahl 3 ist die Glücksziffer der Fische-Menschen, die am 3., 12., 21. und 30. eines jeden Monats Günstiges für sich erwarten können.

Tief und unergründlich wie das Meer erscheint einem Außenstehenden oft die Seele der Fische-Geborenen. Vielleicht weil sie am eigenen Leib oft schmerzlich erfahren, wie sehr man zum Spielball der Gefühle werden kann, sind diese Typen im Umgang mit anderen besonders zartfühlend und rücksichtsvoll.

Der Aszendent verändert den Charakter

Gerade für Fische-Menschen ist der Aszendent, das zur Geburtsminute am östlichen Himmel aufgehende Tierkreiszeichen, von eminenter Bedeutung, läßt er doch oft manche Charakterzüge ins Gegenteil verkehren.

Aszendent Widder macht den Fische-Typ entschlossener, läßt aber auch manchen guten Vorsatz über den Haufen werfen. Leider vergeudet dieser Mischtyp oft zu viel Energie, was den beruflichen Erfolg mindern könnte.

Aszendent Stier verstärkt die Güte des Fische-Menschen, aber auch seine Labilität. Hier kommt es ganz besonders auf ein harmonisches Privatleben an. Nur mit solchem Rückhalt kann dieser Mischtyp auch im Beruf Erfolg haben.

Aszendent Zwillinge schenkt dem Fische-Menschen in der Liebe Flügel. Leider weiß man nie so genau, wo solch fliegender Fisch landet. Fische mit dem Aszendenten Zwillinge zeichnen hohe Geistesgaben aus, die beruflich genutzt werden sollten.

Aszendent Krebs läßt den Fische-Mensch träumen, holt ihn aber von seinen Luftschlössern in die Wirklichkeit zurück, um irdisches Glück – im Beruf wie ganz privat – zu genießen.

Aszendent Löwe setzt die Ideale des Fische-Typs in die Wirklichkeit um. Dieser Typ wird's am ehesten zu etwas bringen. In der Liebe sind die Fische mit dem Aszendenten Löwe besitzergreifend.

Aszendent Jungfrau hemmt den Hang zum Träumen und steuert viel Verantwortungsgefühl bei. Dieser Mischtyp ist ernster als alle anderen Fische-Menschen. Die Familie geht ihm über alles.

Aszendent Waage fördert die künstlerische Ader und den Schönheitssinn der Fische. Aber Fische mit dem Aszendenten Waage zögern zu oft, wenn es gilt, Leistung zu erbringen. Sie sind stets unsterblich verliebt, bleiben aber nicht unbedingt treu.

Aszendent Skorpion mindert bei den Fischen etwas das Gefühl und erhöht dafür das Durchsetzungsvermögen, was den Erfolg im Beruf begründet. Fische mit dem Aszendenten Skorpion hängen sehr an ihrer Familie.

Ein Hauch von Einsamkeit umweht alle Menschen, die im Zeichen der Fische geboren wurden, ein Leben lang.

Aszendent Schütze verstärkt den Einfluß des Jupiter, so daß dieser Typ oft mehr Glück als Verstand hat. Fische mit dem Aszendenten Schütze können Großes erreichen, wenn sie privat nicht zu sehr der Abenteuerlust des Schützen nachgeben.

Aszendent Steinbock macht den Fische-Menschen ein wenig zu ernst. Diese Typen überarbeiten sich möglicherweise, um schneller vorwärtszukommen und klagen dann über ihre angegriffene Gesundheit. Es wäre sicher besser, wenn sie öfter mal richtig abschalten und sich mehr um den Partner und die eigene Familie kümmern würden.

Aszendent Wassermann führt die sonst oft zu Eigenbrötlerei tendierenden Fische an die Gesellschaft heran und macht sie dadurch freier. Toleranz und Mitgefühl herrschen in den zwischenmenschlichen Beziehungen vor.

Aszendent Fische verstärkt die Eigenarten des Fische-Menschen noch. Leider neigen Fische mit dem Aszendenten Fische zu Depressionen und verhalten sich trotz hoher Geistesgaben zu passiv, was auch die privaten Beziehungen manchmal stört.

Ausgerechnet: der Fische-Aszendent

Um den Fische-Aszendenten auszurechnen, müssen Sie neben Geburtsdatum und Geburtsort auch die ungefähre Minute der Geburt kennen.
In Tabelle 1 finden Sie die für den Geburtsort zutreffende Zeitkorrektur. Steht der Ort nicht in der Tabelle, nimmt man einfach die Korrektur der am nächsten liegenden, hier aufgeführten Stadt. Zu der Geburtszeit zählt man die Korrektur hinzu (+) oder zieht sie ab (–).

1940 und 1941 galt zur Geburtszeit eines Fische-Menschen die Sommerzeit. Wer in diesen Jahren geboren wurde, muß von der mit Tabelle 1 erhaltenen Zeit eine Stunde abziehen.
Als nächstes wird die in Tabelle 2 für den Geburtstermin angegebene Sternzeit hinzugezählt. Sollte die Summe über 24 Uhr hinausgehen, muß man 24 Stunden davon abziehen.
Die nun gefundene Zeit muß in Tabelle 3 unter der für den Geburtsort oder der ihm am nächsten gelegenen Stadt angegebenen Breitengradzahl nachgeschaut werden, und der Aszendent ist gefunden.

Beispiel:

Geburtszeit 10. März 1957 um 17.40 Uhr in Luzern

1. Geburtszeit		17 h 40 min
2. Ortszeit: Korrektur für den Geburtsort Luzern (Tabelle 1)	–	0 h 27 min
		17 h 13 min
3. Sternzeit des 10. März wird zur erhaltenen Ortszeit addiert (Tabelle 2)	+	11 h 10 min
		28 h 23 min
4. Die gefundene Zeit geht über 24 Uhr hinaus, also müssen wir 24 Stunden abziehen	–	24 h 00 min
Das ergibt die Sternzeit der Geburt		4 h 23 min

5. Der Aszendent für 4 h 23 min beim Breitengrad für Luzern (47°) ist nach Tabelle 3 Jungfrau.

Tabelle 1: Berechnung der Ortszeit

Aachen (51°)	–36 min
Augsburg (48°)	–16 min
Baden-Baden (49°)	–27 min
Bamberg (50°)	–16 min
Basel (48°)	–30 min
Berlin (53°)	– 6 min
Bern (47°)	–29 min
Bielefeld (52°)	–26 min
Bonn (51°)	–31 min
Braunschweig (52°)	–18 min
Bregenz (47°)	–21 min
Bremen (53°)	–25 min
Breslau (51°)	+ 8 min
Chemnitz (51°)	– 8 min
Danzig (54°)	+15 min
Donaueschingen (48°)	–26 min
Dortmund (52°)	–30 min
Dresden (51°)	– 5 min
Düsseldorf (51°)	–33 min
Duisburg (51°)	–33 min
Emmerich (52°)	–35 min
Essen (51°)	–32 min
Flensburg (55°)	–22 min
Frankfurt/Main (50°)	–25 min
Freiburg (48°)	–29 min
Garmisch (47°)	–16 min
Genf (46°)	–35 min
Göttingen (51°)	–20 min
Graz (47°)	+ 2 min
Halle (52°)	–12 min
Hamburg (54°)	–20 min
Hannover (52°)	–21 min
Heidelberg (49°)	–25 min
Hof (50°)	–12 min
Innsbruck (47°)	–14 min
Jena (51°)	–14 min
Kaiserslautern (49°)	–29 min
Karlsruhe (49°)	–26 min
Kassel (51°)	–22 min
Kiel (54°)	–20 min
Klagenfurt (47°)	– 3 min
Koblenz (50°)	–26 min
Köln (51°)	–32 min
Königsberg (55°)	+22 min
Konstanz (48°)	–23 min
Lausanne (46°)	–33 min
Leipzig (51°)	–10 min
Lienz (47°)	– 9 min
Lindau (47°)	–21 min
Linz/Donau (48°)	– 3 min
Lübeck (54°)	–17 min
Luxemburg (50°)	–35 min
Luzern (47°)	–27 min
Magdeburg (52°)	–13 min
Mainz (50°)	–27 min
Mannheim (49°)	–26 min
München (48°)	–14 min
Münster (52°)	–30 min
Nürnberg (49°)	–16 min
Oldenburg (53°)	–27 min
Osnabrück (52°)	–28 min
Passau (49°)	– 6 min
Regensburg (49°)	–12 min
Rostock (54°)	–12 min
Saarbrücken (49°)	–32 min
Salzburg (48°)	– 8 min
St. Gallen (47°)	–22 min
Straßburg (49°)	–29 min
Stuttgart (49°)	–23 min
Trier (50°)	–33 min
Tübingen (49°)	–24 min
Ulm (48°)	–20 min
Villach (47°)	– 4 min
Weimar (51°)	–15 min
Westerland/Sylt (55°)	–27 min
Wien (48°)	+ 6 min
Wiesbaden (50°)	–27 min
Wuppertal (51°)	–31 min
Würzburg (50°)	–20 min
Zürich (47°)	–26 min

Tabelle 2: Sternzeit

Tag	Jan.	Feb.	März	April	Mai	Juni	Juli	Aug.	Sept.	Okt.	Nov.	Dez.
	h m	h m	h m	h m	h m	h m	h m	h m	h m	h m	h m	h m
1	6 37	8 40	10 34	12 36	14 35	16 37	18 35	20 37	22 39	0 38	2 40	4 38
2	6 41	8 44	10 38	12 40	14 38	16 41	18 39	20 41	22 43	0 42	2 44	4 42
3	6 45	8 48	10 42	12 44	14 42	16 45	18 43	20 45	22 47	0 46	2 48	4 46
4	6 49	8 52	10 46	12 48	14 46	16 49	18 47	20 49	22 51	0 50	2 52	4 50
5	6 53	8 55	10 50	12 52	14 50	16 52	18 51	20 53	22 55	0 54	2 56	4 54
6	6 57	8 59	10 54	12 56	14 54	16 56	18 55	20 57	22 59	0 57	3 00	4 58
7	7 01	9 03	10 58	13 00	14 58	17 00	18 59	21 01	23 03	1 01	3 04	5 02
8	7 05	9 07	11 02	13 04	15 02	17 04	19 03	21 05	23 07	1 05	3 08	5 06
9	7 09	9 11	11 06	13 08	15 06	17 08	19 07	21 09	23 11	1 09	3 12	5 10
10	7 13	9 15	11 10	13 12	15 10	17 12	19 10	21 13	23 15	1 13	3 15	5 14
11	7 17	9 19	11 13	13 16	15 14	17 16	19 14	21 17	23 19	1 17	3 19	5 18
12	7 21	9 23	11 17	13 20	15 18	17 20	19 18	21 21	23 23	1 21	3 23	5 22
13	7 25	9 27	11 21	13 24	15 22	17 24	19 22	21 25	23 27	1 25	3 27	5 26
14	7 29	9 31	11 25	13 27	15 26	17 28	19 26	21 29	23 31	1 29	3 31	5 29
15	7 33	9 35	11 29	13 31	15 30	17 32	19 30	21 32	23 35	1 33	3 35	5 33
16	7 37	9 39	11 33	13 35	15 34	17 36	19 34	21 36	23 39	1 37	3 39	5 37
17	7 41	9 43	11 37	13 39	15 38	17 40	19 38	21 40	23 43	1 41	3 43	5 41
18	7 45	9 47	11 41	13 43	15 42	17 44	19 42	21 44	23 46	1 45	3 47	5 45
19	7 48	9 51	11 45	13 47	15 45	17 48	19 46	21 48	23 50	1 49	3 51	5 49
20	7 52	9 55	11 49	13 51	15 49	17 52	19 50	21 52	23 54	1 53	3 55	5 53
21	7 56	9 59	11 53	13 55	15 53	17 56	19 54	21 56	23 58	1 57	3 59	5 57
22	8 00	10 02	11 57	13 59	15 57	18 00	19 58	22 00	0 02	2 01	4 03	6 01
23	8 04	10 06	12 01	14 03	16 01	18 03	20 02	22 04	0 06	2 04	4 07	6 05
24	8 08	10 10	12 05	14 07	16 05	18 07	20 06	22 08	0 10	2 08	4 11	6 09
25	8 12	10 14	12 09	14 11	16 09	18 11	20 10	22 12	0 14	2 12	4 15	6 13
26	8 16	10 18	12 13	14 15	16 13	18 15	20 14	22 16	0 18	2 16	4 19	6 17
27	8 20	10 22	12 17	14 19	16 17	18 19	20 18	22 20	0 22	2 20	4 22	6 21
28	8 24	10 26	12 20	14 23	16 21	18 23	20 21	22 24	0 26	2 24	4 26	6 25
29	8 28	10 30	12 24	14 27	16 25	18 27	20 25	22 28	0 30	2 28	4 30	6 29
30	8 32		12 28	14 31	16 29	18 31	20 29	22 32	0 34	2 32	4 34	6 33
31	8 36		12 32		16 33		20 33	22 36		2 36		6 36

Tabelle 3: Hier finden Sie Ihren Aszendenten

	47°	48°	49°	50°
Löwe	0 h 36 - 3 h 18	0 h 34 - 3 h 16	0 h 31 - 3 h 14	0 h 26 - 3 h 12
Jungfrau	3 h 19 - 6 h 00	3 h 17 - 6 h 00	3 h 15 - 6 h 00	3 h 13 - 6 h 00
Waage	6 h 01 - 8 h 41	6 h 01 - 8 h 43	6 h 01 - 8 h 45	6 h 01 - 8 h 47
Skorpion	8 h 42 - 11 h 23	8 h 44 - 11 h 27	8 h 46 - 11 h 31	8 h 48 - 11 h 35
Schütze	11 h 24 - 13 h 50	11 h 28 - 13 h 55	11 h 32 - 14 h 00	11 h 36 - 14 h 05
Steinbock	13 h 51 - 15 h 41	13 h 56 - 15 h 45	14 h 01 - 15 h 48	14 h 06 - 15 h 52
Wassermann	15 h 42 - 16 h 58	15 h 46 - 17 h 00	15 h 49 - 17 h 02	15 h 53 - 17 h 04
Fische	16 h 59 - 18 h 00	17 h 01 - 18 h 00	17 h 03 - 18 h 00	17 h 05 - 18 h 00
Widder	18 h 01 - 19 h 01	18 h 01 - 18 h 59	18 h 01 - 18 h 57	18 h 01 - 18 h 55
Stier	19 h 02 - 20 h 19	19 h 00 - 20 h 15	18 h 58 - 20 h 11	18 h 56 - 20 h 07
Zwillinge	20 h 20 - 20 h 10	20 h 16 - 22 h 05	20 h 12 - 22 h 00	20 h 08 - 21 h 55
Krebs	22 h 11 - 0 h 35	22 h 06 - 0 h 33	22 h 01 - 0 h 30	21 h 66 - 0 h 25

	51°	52°	53°	54°
Löwe	0 h 21 - 3 h 10	0 h 16 - 3 h 08	0 h 13 - 3 h 06	0 h 08 - 3 h 04
Jungfrau	3 h 11 - 6 h 00	3 h 09 - 6 h 00	3 h 07 - 6 h 00	3 h 05 - 6 h 00
Waage	6 h 01 - 8 h 49	6 h 01 - 8 h 52	6 h 01 - 8 h 54	6 h 01 - 8 h 56
Skorpion	8 h 50 - 11 h 39	8 h 53 - 11 h 43	8 h 55 - 11 h 47	8 h 57 - 11 h 52
Schütze	11 h 40 - 14 h 10	11 h 44 - 14 h 15	11 h 48 - 14 h 20	11 h 53 - 14 h 26
Steinbock	14 h 11 - 15 h 56	14 h 16 - 16 h 01	14 h 21 - 16 h 06	14 h 27 - 16 h 10
Wassermann	15 h 57 - 17 h 06	16 h 02 - 17 h 09	16 h 07 - 17 h 11	16 h 11 - 17 h 14
Fische	17 h 07 - 18 h 00	17 h 10 - 18 h 00	17 h 12 - 18 h 00	17 h 15 - 18 h 00
Widder	18 h 01 - 18 h 53	18 h 01 - 18 h 51	18 h 01 - 18 h 49	18 h 01 - 18 h 46
Stier	18 h 54 - 20 h 03	18 h 52 - 19 h 59	18 h 50 - 19 h 55	18 h 47 - 19 h 50
Zwillinge	20 h 04 - 21 h 51	20 h 00 - 21 h 45	29 h 56 - 21 h 39	19 h 51 - 21 h 33
Krebs	21 h 52 - 0 h 20	21 h 46 - 0 h 15	21 h 40 - 0 h 12	21 h 34 - 0 h 07